AF498289

TRIOMPHE
DES CONFRERES
Tolosains du S. Rosaire,

POVR L'HEVREVSE NAISSANCE
DE MONSEIGNEVR
LE DAVFIN,

Arriuée au premier Dimanche
du mois sacré aux deuotions
du Rosaire, que la Reyne à
tousiours honoré de sa pre-
sence, dans l'Eglise des FF.
Prescheurs Reformés de Pa-
ris.

QVATRAIN

Eux Princesses, François, nous
devons recognoistre,
Desquelles nous tenons ce Dau-
fin nouueau né :
Une qui l'a conçeu, l'autre qui l'a donné,
ANNE l'a enfanté, Marie le faict naistre.

A

SIZAIN.

LE Rosaire autresfois fit naistre vn
    Sainct LOVIS,
C'est le Rosair'aussi qui faict que tu iouys
France, de ton Daufin, né vn iour du Ro-
    saire :
Pense donc que s'il faict vn miracle pareil,
Il rendra tout égal, & fera voir à l'œil
Deux LOVIS nais en luy, son Ayeul,
    & son Pere.

AVTRE.

LE pied du Lys François fecondé
    par Marie,
A produit vn bouton dont la France
    est rauie ;
La ioye qu'en naissant, il nous faict
    ressentir,
N'est rien qu'vn auantgoust, de cel-
    le qui doit estre,
Lors qu'epanouyssant, il nous fera
    sentir,
L'odeur qu'exhale vn Lys, qu'vn Ro-
    sier a faict naistre.

DIZAIN.

FRANCE, ce sainct Rosier, cét instru-
        ment de grace,
Monstre bien à tõ Roy qu'elle est son efficace,
Luy donnant vn Daufin, qui comble son
        bon-heur.
Veu qu'en tous les succés dont son regne pros-
        pere,
Il ne luy restoit plus, que d'estr' vn heureux
        Pere,
Apres s'estre fait veir vn glorieux vain-
        queur.
Que ne dois-tu pas donc à ce diuin Rosaire,
Qui semble n'auoir point de faueurs que
        pour toy.
Car des fleurs qu'il produit, il en orne ton
        Roy,
Et les pointes qu'il a, sont pour ton aduer-
        saire.

DE ORTV
DELPHINI
REGII AVSPICATISSIMO
DOMINICA PRIMA MENSIS
ROSARIO SACRA.

CARMEN.

CVR tantis hodie Sacer triumphat
Ordo DOMINICI choris co-
rollis,
Plectris, plaufibus, Organis, lu-
cernis,
Difcat Gallia, difcat omni orbis.
Delphini celebri triumphat ortu,
Delphinumque fuum, fuoque iure,
Totum, DOMINICI repofcit Ordo.
Hum- Delphinatum equidem, quie-
bertus tis olim
Princeps *Delphi-* Et fanctæ pietatis æmulator
natus

Vmbertus dedit, atque liliatis
Ceſſit Regibus, inclytam co-
    ronam ;
Et ponens diadema, purpu-
    ramque
Aptauit ſibi pauperem lacer-
    nam
Qualem DOMINICI tulere
    leges.

Nec-non hoc ſciat vniuerſus orbis,
Quem nunc Gallia gratulans tue-
    tur,
Delphinum, colit, atque baſiatur,
Matris Virginis eſſe grande munus
Quam pro matre habet Ordo præ-
    dicator.
    Quin ipſâque die Roſariorum
Quam plebs Angelicis modis fre-
    quentat,
Ritu DOMINICI ſacris recepto
Delphinus meruit videre lucem
Tali germine talium Roſarum
Heroina parens ſuperbit ANNA,
Et geſtit pater ipſe LVDOVICVS,
Et voti reus eſſe gloriatur.

PlauditDominici domus quod olim
Regali capiti dedit coronam
Nunc Regale caput dedit coronæ,
Votorum fobolé precumq; germen.

DE EODEM.

NAfcere magne puer tibi corri-
dentibus aftris
Nafcere, Frãciacon inter amate finus
Nafceris (ô fauftam lucem! ô pri-
mordia menfis
Læta,facris quando vocibus æthra
fonant.
Reginæ aligerum plectuntur quan-
do corollæ,
Turbaque votiuas explicat alma
Rofas,
Liligero tunc emergit de caudice
germen,
Et pridem optati germinis halat
odor.
Credite iam Galli pretiofa Rofaria, cum funt
Aurea de noftris Lilia nota Rofis.

DELPHINI PRINCIPIS
Genethliacum.

CErtamen spectate nouum cum
  nascitur Heros
Cuius ad exortum, Gallicus orbis
  ouat.
Virgo, & Libra volunt (Venerabile
  sydus vtrumque est)
Natalem infantis Principis, esse
  suum.
Anna Augusta adimit litem, parit
  inter vtrumque.
  Ex librâ, ex almâ Virgine sentit
  opem.
O Iusti Regis germen, Donumque
  Mariæ,
  Iustus eris vindex, Norma pudi-
  citiæ.

DE EODEM.

Delphinus non Æquoreus fed Olimpius iſte eſt.
Myſtica quem nobis non linea retia donant.

***

MOTETS POVR LA PROceſſion du iour du S. Roſaire.

Deuant la Proceſſion.

Lætábitur deſérta & ínuia, *Iſai.35.* & exultábit ſolitúdo, & florébit quaſi líliũ. Gérminans germinábit, & exultábit lætabúnda & laudans. Glória tibi Dómine, qui páſceris inter lília, *Cantic. 2.* donec aſpíret dies, & inclinéntur vmbræ.

Apres la Proceſſion.

Benedíctus es Dominátor

Esdr. 4.
cap. 5. Dómine, qui ex ómnibus flóribus orbis elegísti tibi lílium vnum, & ex ómnibus pópulis glorificásti pópulum vnum.

Luca Consideráte lília quómodo
12. créscant, quasi flos Rofarum in
Ecclef. diébus vernis. Benedíctus
50. Deus, qui páfcitur in hortis, vt lília cólligat.

Le Te Deum laudámus, *& le Pfeaume* Dómine in virtúte tua lætabitur Rex, *feront chantés auec les fufdits Motets par vn concert de voix choif es, Orgues, Luths, Efpinettes, & Violes.*